前　言

党的二十大报告将"实施就业优先战略"视为"增进民生福祉,提高人民生活品质"的重要内涵,要求"强化就业优先政策,健全就业促进机制,促进高质量充分就业"。职业教育是我国高等教育体系中的重要组成部分,肩负着培养专业技术人才和大国工匠的时代重任。党的二十大报告指出,"必须坚持科技是第一生产力、人才是第一资源、创新是第一动力,深入实施科教兴国战略、人才强国战略、创新驱动发展战略"。中国式现代化需要更多的大国工匠,技能人才是支撑中国制造、中国创造和发展实体经济的重要人才资源。加强高技能人才队伍建设,对增强国家核心竞争力和科技创新能力,缓解就业结构性矛盾,助力高质量发展具有重要意义。高等职业院校的职业生涯发展教育经过多年探索与努力,在引导学生成才、提高就业竞争力方面发挥了重要作用,但在课程体系设置、师资队伍建设及学生自我认知程度提高等方面还是存在一些局限性。同时随着科技的快速进步,就业市场竞争的加剧及对人才要求的提高,大学生有更多的个性化发展需求。在此背景下构建立体化的职业生涯发展教育课程体系,对学生进行更全面的生涯教育和就业指导,不仅能促进学生长远发展,还能提升学校的教育质量,培养更多符合国家发展需要的优秀人才。

本书是高等职业教育新形态一体化教材《职业发展与就业指导》的配套手册。本书以生涯前沿理论为基础,基于主教材的模块化课程体系,提供生涯意识唤醒、职业世界探索、生涯测评自我探索、创新思维训练、求职技能提升、职场适应发展等实践内容。本书通过"单元任务""课堂训练"将知识与能力进行有效衔接,采用工作手册式编写体例,对知识、练习、作业进行一体化开发设计。本书对接行业标准和岗位需求,融做于学,推进产教融合,将提升和发展学生的职业素养、工匠精神、劳模精神贯穿于始终,充分体现职教特色;通过情境体验、实践体验的方法,把理论与实践、学习与应用紧密结合起来,以更好地激发学生的自省意识和学习兴趣,并转化为自觉的行动,激发当代大学生的生命力和创造力,培养学生的职业荣誉感和社会使命感。

本书由郑晓、杨璐溢任主编,负责全书结构、大纲及统稿,由许媚、张涛、张晶、先芯雨任副主编,协作完成全书编写。本书具体分工如下:模块一、二由许媚负责编写,模块三、四由张晶负责编写,模块五、六由先芯雨负责编写,模块七、八、九由张涛负责编写。

本书在编写及出版过程中,参考借鉴了国内外学者的最新研究成果,吸收了先进的生涯理念、工具和训练内容,同时得到了高等教育出版社陈磊编辑的指导和帮助,在此一并表示衷心的感谢。

本书虽经团队反复研讨审读,但由于编者水平有限,加之时间仓促,不足之处在所难免,敬请广大读者批评、指正。

编　者
2023年1月

高等职业教育"双高"建设成果教材
高等职业教育新形态一体化教材

职业发展与就业指导行动手册

主　编　郑　晓　杨璐溢
副主编　许　媚　张　涛
　　　　张　晶　先芯雨

中国教育出版传媒集团
高等教育出版社·北京

内容提要

本书作为高等职业教育"双高"建设成果教材、高等职业教育新形态一体化教材《职业发展与就业指导》的配套手册,是主教材教学内容的重要补充。

本书立足职业教育类型特色,以关注大学生全面发展和终身发展为目标,践行"理实一体、学做合一"的编写理念,力求激发学生主动生涯意识、树立积极正向的就业观、提升就业行动力和生涯发展与管理能力。经一体化设计,与主教材构建起一套职业发展与就业指导创新型课程知识体系。本书采用纸质教材和数字化资源相结合的模式,选用了大量实用的生涯规划及职业测评工具,能有效满足不同教学场景的需要。

本书既可作为各层次职业院校、普通高等学校职业发展与就业指导教学的教材,也可作为职业指导与培训、职业生涯咨询等机构的参考资料和培训用书。

教师如需获取本书授课用PPT、电子教案、习题答案等配套资源,请登录"高等教育出版社产品信息检索系统"(http://xuanshu.hep.com.cn/)免费下载。

图书在版编目(CIP)数据

职业发展与就业指导行动手册 / 郑晓,杨璐溢主编. -- 北京:高等教育出版社,2023.8(2024.9重印)
ISBN 978-7-04-060061-2

Ⅰ. ①职… Ⅱ. ①郑… ②杨… Ⅲ. ①大学生-职业选择-高等职业教育-教材 Ⅳ. ①G717.38

中国国家版本馆CIP数据核字(2023)第036588号

Zhiye Fazhan yu Jiuye Zhidao Xingdong Shouce

| 策划编辑 陈 磊 | 责任编辑 陈 磊 | 封面设计 王 洋 | 版式设计 张 杰 |
| 责任绘图 马天驰 | 责任校对 胡美萍 | 责任印制 刁 毅 | |

出版发行	高等教育出版社	网 址	http://www.hep.edu.cn
社 址	北京市西城区德外大街4号		http://www.hep.com.cn
邮政编码	100120	网上订购	http://www.hepmall.com.cn
印 刷	三河市华润印刷有限公司		http://www.hepmall.com
开 本	787 mm×1092 mm 1/16		http://www.hepmall.cn
本册印张	5.5		
本册字数	120千字	版 次	2023年8月第1版
购书热线	010-58581118	印 次	2024年9月第4次印刷
咨询电话	400-810-0598	总 定 价	46.00元

本书如有缺页、倒页、脱页等质量问题,请到所购图书销售部门联系调换
版权所有 侵权必究
物 料 号 60061-A01

目 录

模块一　把握时代变化　擘画职业蓝图

单元一　洞察环境变化趋势 / 2
　课堂训练　观察趋势 / 2
　单元任务　探索未来科技对工作的影响 / 3

单元二　走进工作世界 / 3
　课堂训练　寻找生涯人物典范 / 3
　　　　　　畅想超级岗位 / 5
　单元任务　回顾职业构建历程 / 5

单元三　理解职业生涯规划 / 6
　课堂训练　测评你的生涯成熟度 / 6
　单元任务　寻找人生角色的变化 / 7

单元四　树立后现代生涯规划思维 / 9
　课堂训练　定义"成功" / 9
　单元任务　勾勒生涯图景 / 10

模块二　提升素质能力　铺就职业坦途

单元一　构建自我全局观 / 12
　课堂训练　评估你对自己的了解程度 / 12
　　　　　　构建生涯故事 / 13
　单元任务　找到"未知"的自己 / 13

单元二　重构发展兴趣 / 16
　课堂训练　重温你愉快的回忆 / 16
　单元任务　破解你的霍兰德代码 / 16

单元三　提升职业能力 / 17
　课堂训练　夸夸你自己 / 17
　单元任务　分析并发展职业核心能力 / 18

单元四　树立正向职业价值观 / 20
　课堂训练　厘清价值观 / 20
　单元任务　完成你的自画像 / 21

模块三　讲求决策艺术　锚定职业目标

单元一　启动职业决策 / 24
　课堂训练　找出影响决策的因素 / 24
　单元任务　探索你的决策风格 / 24

单元一　善用决策工具 / 26
　课堂训练　运用决策平衡轮 / 26
　单元任务　练习使用决策工具 / 27

单元三　发展动态决策 / 29

　课堂训练　发展有计划的偶然事件 / 29
　单元任务　设计动态职业路径 / 29

单元四　实施行动计划 / 30
　课堂训练　制定符合 SMART 原则的
　　　　　　目标 / 30
　单元任务　拟定未来 1 年的目标与行动
　　　　　　计划 / 31

模块四　激发创业梦想　投身创业实践

单元一　建立创业思维 / 36
　课堂训练　评估你的创业素质 / 36
　单元任务　采访创业者 / 37

　　　　　　探究创业的社会责任 / 38

单元二　提升创新能力 / 39
　课堂训练　体验头脑风暴法 / 39

目录

　　单元任务　思考组合创新法的应用 / 39　　　　单元四　做好创业准备 / 41
单元三　发现创业机会 / 40　　　　　　　　　　课堂训练　整合创业资源 / 41
　　课堂训练　发现创业思维习惯 / 40　　　　　　单元任务　体验 100 元创业实践 / 42
　　单元任务　发现商机 / 40

模块五　掌握就业信息　做好求职准备

单元一　分析就业形势 / 44　　　　　　　　　　**单元二　获取就业信息 / 48**
　　课堂训练　访谈学长 / 44　　　　　　　　　　　课堂训练　建立个人就业信息管理库 / 48
　　　　　　　测试你的求职能力 / 44　　　　　　　单元任务　转动求职罗盘 / 48
　　单元任务　分析新职业与传统职业的　　　　　　**单元三　分析与应用就业信息 / 50**
　　　　　　　异同 / 46　　　　　　　　　　　　　课堂训练　寻找岗位的霍兰德代码 / 50
　　　　　　　　　　　　　　　　　　　　　　　　单元任务　拆解就业信息 / 51

模块六　形塑自我品牌　开启求职模式

单元一　明确职业志向 / 54　　　　　　　　　　**单元三　撰写求职简历 / 57**
　　课堂训练　分享职业榜样 / 54　　　　　　　　　课堂训练　评议简历 / 57
　　单元任务　厘清工作、职业、事业和　　　　　　单元任务　站在 HR 的角度看简历 / 57
　　　　　　　使命 / 54　　　　　　　　　　　　**单元四　完成简历投递 / 58**
单元二　调整求职心态 / 55　　　　　　　　　　课堂训练　写一封简洁的求职信 / 58
　　课堂训练　评估你的求职准备度 / 55　　　　　　单元任务　撰写个人简历 / 59
　　单元任务　开展积极的自我对话 / 56

模块七　突破认知局限　应对求职挑战

单元一　了解面试知识 / 62　　　　　　　　　　单元任务　调整面试紧张心态 / 64
　　课堂训练　回答面试常见的开场问题 / 62　　　**单元三　投身面试行动 / 64**
　　单元任务　画出你的支持系统 / 62　　　　　　　课堂训练　录制个人 1 分钟自我介绍
单元二　做足面试功课 / 63　　　　　　　　　　　　　　　　视频 / 64
　　课堂训练　讲好你的求职故事 / 63　　　　　　　单元任务　模拟面试 / 65

模块八　通晓政策法规　维护就业权益

单元一　掌握就业政策与就业手续 / 68　　　　　　　　　　程度 / 68
　　课堂训练　查看毕业地图 / 68　　　　　　　　　单元任务　分析就业协议与劳动合同 / 69
　　单元任务　比拼就业政策信息收集　　　　　　**单元三　避免就业陷阱 / 70**
　　　　　　　能力 / 68　　　　　　　　　　　　　课堂训练　分析求职陷阱线索 / 70
单元二　比对就业协议与劳动合同 / 68　　　　　单元任务　演绎"防范求职陷阱"情
　　课堂训练　评估你对就业知识的掌握　　　　　　　　　　　景剧 / 70

单元四　维护就业权益 / 71　　　　单元任务　探讨签订合同的重要性 / 71
　　课堂训练　自制维护权益宝典 / 71

模块九　适应角色转换　达成就业愿景

单元一　转换生涯角色 / 74
　　课堂训练　接收来自未来的信 / 74
　　单元任务　衡量你学习的敏捷性 / 74

单元二　促进团队协作 / 75
　　课堂训练　解手链 / 75
　　单元任务　认清团队角色及分工 / 76

单元三　加强职业沟通 / 76
　　课堂训练　赞美你的伙伴 / 76
　　单元任务　考验沟通协作能力 / 76

单元四　培养领导力 / 77
　　课堂训练　练习复盘 / 77
　　单元任务　找出搞砸背后的力量 / 78

模块一

把握时代变化 擘画职业蓝图

单元一　洞察环境变化趋势

【课堂训练】

观　察　趋　势

按下面的步骤进行小组讨论。

1. 趋势识别

请在小组中一起讨论，在网络搜索和日常交流中，你能感受到当前社会和行业中的哪些趋势。各小组列出观察到的趋势，并讨论每个趋势背后的成因。

_____
_____
_____
_____
_____

2. 趋势解读

尝试将这些趋势与自己的生涯规划联系起来。每个小组选定一个趋势，并探讨这个趋势可能对你未来的职业发展产生哪些影响。

_____
_____
_____
_____
_____

3. 趋势应用

思考自己的职业目标，并想象未来可能发生的变化。如何才能让你的职业目标更好地顺应趋势的变化？

_____
_____
_____
_____
_____

【单元任务】

探索未来科技对工作的影响

> 任务目的

思考未来科技发展趋势对工作的影响。

> 任务内容

你是否能想象出未来世界有哪些工作？完成视频学习（扫描右侧二维码）后，首先试着思考并预测未来世界的样子，然后回答以下问题。

视频连线：带你了解机器人的发展

1. **大学毕业时（你或许面临就业选择）**
时间：公元_____年
你的年龄：_____
可能的热门行业：_____
可能消失的工作：_____

2. **十年之后（你已身在职场数年）**
时间：公元_____年
你的年龄：_____
可能的热门行业：_____
可能消失的工作：_____
你的名片上的"岗位名称"可能是：_____

3. **公元2050年（科技发展超乎想象）**
你的年龄：_____
你的工龄：_____
可能的热门行业：_____
可能消失的工作：_____

单元二　走进工作世界

【课堂训练】

寻找生涯人物典范

通过个人的关系网络或多方寻求帮助，选定你所关注的行业企业中的一位从事你心仪职业的资深人士（最好从事该职业三年以上，喜欢且擅长该职业），约定适宜的时间，对其进行生涯人物访谈。将访谈内容打印粘贴到下方空白处。

访谈提示：对生涯人物的访谈最好事先搜集目标对象的基本信息，如行业、公司名称，工作的性质类型、主要内容、地点、时间，任职资格、所需技能，市场前景、行业相关信息。

具体访谈内容可参考以下问题。

（1）个人的主要成就是什么？

（2）你最喜欢哪项成就？你最擅长什么？

（3）做这件事遇到的困难是什么？你是怎样解决的？

（4）你最后达到了什么目标？

（5）你的职位是什么？你的主要职责是什么？

（6）通常你一天的工作时间是如何度过的？

（7）在未来6~12个月内，你会面临的主要挑战是什么？你会怎样面对？迎接这些挑战时的障碍有哪些？

（8）你日常面临的问题和挑战有哪些？

（9）针对你成功解决/处理过的一个问题，谈谈你做了哪些工作？为什么这样做？同样，能否说一说你未能解决/处理好的一个问题，未能成功的原因何在？

（10）在这个职位上，如果想获得成功必须拥有并保持怎样的能力？

（11）你目前还缺乏或必须改进的能力有哪些？你打算怎样改进和提高？

（12）在你的组织中，能够在同一个岗位上将成功和不成功区别开来的行为是什么？

通过上述问题，你会对心仪岗位有较为深入的了解，如果被访谈者因为经验原因没有讲清楚，则可以请其帮忙介绍一位更为资深的从业人员和你进行再次访谈，直至你对该岗位有了清晰认知为止。

畅想超级岗位

针对以下三种常见的工作岗位，试想当其转变成超级岗位时，岗位的名称与内容会是什么。

1. 客服经理（customer service manager，CSM）

_____

_____

_____

2. 产品经理（product manager，PM）

_____

_____

_____

3. 人力资源经理（human resource manager，HRM）

_____

_____

_____

【单元任务】

回顾职业构建历程

➢ **任务目的**

通过回顾自己的工作想法的变化，意识到生涯目标和想象都是不断变化的，避免自我设限。

➢ **任务内容**

你儿时梦想的职业是什么？你是想成为一名宇航员、护士、画家，还是想成为一名教师？也许你想找到攻克不治之症的良方，也许你想实现人类移民火星……自你有记忆开始，什么梦想是你觉得有趣而且向往的呢？请试着根据下列的问题，思考我们对职业的认知产生了哪些微妙的变化。

1. 小时候（上学前）

列出你小时候觉得有趣并想从事的职业或工作：

_____

喜欢的原因：

_____

2. 小学时期

列出你小学时期觉得有趣并想从事的职业或工作：
_____

喜欢的原因：
_____

3. 初中时期

列出你初中时期觉得有趣并想从事的职业或工作：
_____

喜欢的原因：
_____

4. 高中时期

列出你高中时期觉得有趣并想从事的职业或工作：
_____

喜欢的原因：
_____

5. 大学时期

现在上大学的你所选的专业是否与过去曾经想过的职业或工作有关？
_____

想法变化的原因是什么？
_____

单元三　理解职业生涯规划

【课堂训练】

测评你的生涯成熟度

本测试可以检验你是否具备了相应的态度、知识和能力，以应对当前的生涯发展任务，有助于了解自己的生涯规划能力和水平，及时发现差距和不足。请根据自己的实际情况，对表1-3-1中的14道问题进行回答（"5"代表完全同意，"4"代表同意，"3"代表基本同意，"2"代表不同意，"1"代表完全不同意）。

表1-3-1　生涯成熟度表

序号	题目	计分				
1	我曾想到要做些事情，让自己今天或者明天发展得更好	5	4	3	2	1
2	我认真思考过我将来要做什么样的人	5	4	3	2	1
3	我为了将来的工作和生活做准备	5	4	3	2	1

续表

序号	题目	计分				
4	在生活中，我一般能做出相当合乎情理的决定	5	4	3	2	1
5	对于自己未来的发展，我能独立自主地做决定	5	4	3	2	1
6	目前我就读的专业是经过慎重选择的	5	4	3	2	1
7	我就读的专业与我将来想要从事的工作或进修方向是紧密关联的	5	4	3	2	1
8	我了解自己的能力、专长和不足	5	4	3	2	1
9	我了解自己的个性、兴趣和重视的事物	5	4	3	2	1
10	我关心社会和环境的变迁，并将其纳入自己未来发展的考虑因素之中	5	4	3	2	1
11	我会收集各种信息，以便做决定时参考	5	4	3	2	1
12	我能恰当地展示自己，让别人认识我	5	4	3	2	1
13	我已经计划好将来发展的方向	5	4	3	2	1
14	我能够较好地适应新环境	5	4	3	2	1
	总分					

说明：分数加总后，看看你的得分处于哪个区间（在下方"标尺"上做出标记），并与周围的同学比比看（得分越高，代表生涯成熟度越高）。

【单元任务】

寻找人生角色的变化

➢ 任务目的

通过绘制自己的生涯彩虹图，从人生角色的广度思考生涯，获得对未来时间的透视能力。

➢ 任务内容

1. 绘制生涯彩虹图

参照表1-3-2，回顾从儿童到大学生，你人生角色的投入变化，完成你的生涯彩虹图（图1-3-1）的绘制工作。

表 1-3-2 角色说明

人生角色	说明
儿童	在不同的年龄段中,投入为儿童的角色的时间。例如,童星可能在很小的时候就投入工作,所以儿童时间就会被工作角色占用
学生	在不同的年龄段中,投入为学生的角色的时间。例如,5~6岁上幼儿园,玩耍的时间多于读书的时间;12岁进入初中,投入读书的时间就比小学更多了;上了高中准备高考,投入学习的时间就占了你生活的大部分,休闲玩乐的时间就更少了
休闲者	在不同的年龄段中,投入假期玩乐的时间
公民	在不同的年龄段中,投入公民活动的时间与比重。例如,上大学时期,曾有参与志愿者活动,获取社会实践的经验等
工作者	在不同的年龄段中,投入工作的时间与比重。例如,上大学时期,寒暑假期间,是否参与社会实践或是做一些兼职等

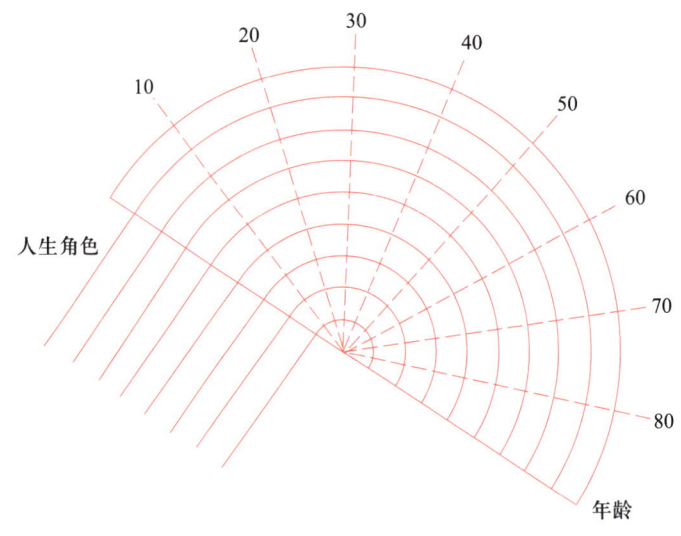

图 1-3-1 你的生涯彩虹图

知识链接:
生涯彩虹图
参考图例

说明:首先在图1-3-1左侧方框中从下到上填入你重要的人生角色,然后用不同颜色依次绘制,色彩的宽度代表你时间精力的分配多少。

2. 简述不同角色的时间分配状态

请将不同角色所占用的时间比例通过表1-3-3表达。

表 1-3-3 不同角色所占用的时间比例

不同角色所占用的时间比例	说明
现在的角色分配	

续表

不同角色所占用的时间比例	说明
○ 短期理想的角色分配	
○ 5年后理想的角色分配	

单元四　树立后现代生涯规划思维

【课堂训练】

定义"成功"

如果定义成功对你来说还有一点困难，那么下面的练习可以帮助你找出自己心中对成功的定义。

1. 找相关词语
写下30个你认为与"成功"相关的词语。
_____
_____
_____

2. 列举心中的成功人士
当看到"成功人士"这几个字时，写出10个在你头脑中闪现的相关人士的名字，并说明与这些人士相关的关键词。
_____
_____
_____
_____

3. 对成功的新认知

与同学讨论你选择这些人的理由。和身边的同学交换意见,看看你对成功的认识是否仅限于金钱、物质等层面世俗的定义?讨论后,请写出你对成功的新认知。

_____

_____

_____

【单元任务】

勾勒生涯图景

> 任务目的

将生涯想象具象化。

> 任务内容

从杂志或网络上找到15~20种不同类型的图片,不限形式,如本地或国际的热门度假胜地,不同的交通工具(飞机、汽车、高铁、游轮等),人们使用的货币,不同风格的酒店,不同类型的娱乐活动和运动,各式各样的面部表情,时间意象,健康意象等。在图片旁写下你对生涯的理解,描述你理想的生涯画面,勾勒出自己未来的生涯图景。本任务在图1-4-1中完成。

图1-4-1 生涯图景

模块二 提升素质能力 铺就职业坦途

单元一　构建自我全局观

【课堂训练】

评估你对自己的了解程度

根据自己的实际情况，对表2-1-1中的12道问题进行回答（"5"代表"总是"，"4"代表"常常"，"3"代表"有时"，"2"代表"偶尔"，"1"代表"从不"）。

表2-1-1　自我了解程度表

序号	题目	计分				
1	我能清楚说出自己每次行为的目的吗	5	4	3	2	1
2	我能清楚说出每次感受到的情绪吗	5	4	3	2	1
3	我能找出导致负面情绪转变的原因吗	5	4	3	2	1
4	我能清楚说出触发我最深的恐惧的因素吗	5	4	3	2	1
5	我能清楚说出我最相信的原则和价值观吗	5	4	3	2	1
6	在做决定时，每次都会考虑我的原则和价值观吗	5	4	3	2	1
7	我能列出我为自己设定的目标和抱负吗	5	4	3	2	1
8	我能列出个人优势的清单及说明它们如何在我的生活中表现出来吗	5	4	3	2	1
9	我能找出一系列缺点及说明它们如何在我的生活中表现出来吗	5	4	3	2	1
10	我能描述我对新信息的典型反应，无论是正面的还是负面的	5	4	3	2	1
11	我能准确描述自己对他人的影响吗	5	4	3	2	1
12	我能清楚说出在人际关系中，能使我感到满足的需求	5	4	3	2	1
	总分					

说明：分数加总后，看看你的得分处于哪个区间（在下方"标尺"上做出标记），并与周围的同学比比看（得分越高，代表对自我的觉察与认知越高）。

构建生涯故事

生涯故事不仅反映了过去的经验，还会让你的经历、态度、想法与当前的行为方式与取得的成就乃至未来的目标之间建立关系。从不同角度思考自己的生涯故事，即是从不同的侧面认识自己。

尝试讲述你自己的生涯故事，如果你不知从何开始，则可参照以下提示。

（1）你第一次做某件让你非常快乐的事。

（2）你曾经经历过的成功、危机、挑战、机会。

（3）对你影响深远的家庭事件。

（4）回想某些快乐的记忆。

（5）对你影响很大的人（关系），如老师、同学、朋友、亲人、邻居等。

（6）让你念念不忘的一次意外的惊喜。

有了线索之后，将这些经历按照一定的方式组织起来，注意找出经历之间的联系，用一个故事（如果你擅长画画，则你可以画出来）讲述给别人听。同学可以使用生涯故事建构图（图2-1-1）协助你完成自己的生涯故事。

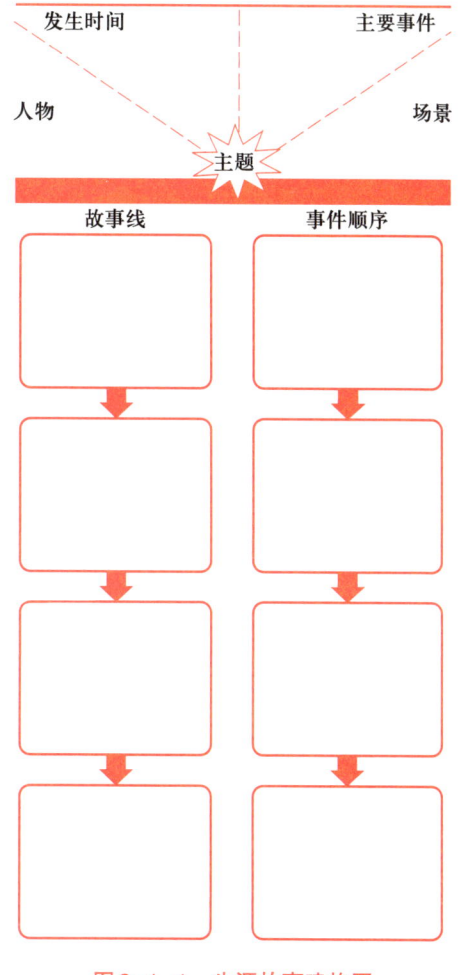

图2-1-1 生涯故事建构图

知识链接：生涯故事建构图示例

【单元任务】

找到"未知"的自己

➢ 任务目的

通过乔哈里窗，认识和了解自我。

➢ 任务内容

请同学们通过乔哈里窗专项练习，同周边朋友一起来探索自我。

1. 你眼中的自己

请在下面的"描述清单"中选取六个适合自己的形容词，尤其是你经常对外表现出来的行为，放入下面方框中。如果还有其他更适合形容自己的词语，可以自行补充。

> **描 述 清 单**
>
> 有能力的、承担的、适应的、大胆的、勇敢的、冷静的、关怀的、开朗的、聪明的、复杂的、自信的、可靠的、端庄的、精力充沛、外向的、友善的、施予的、快乐的、有益的、理想主义、独立的、灵敏的、内向的、仁慈的、知识渊博的、逻辑的、有爱的、成熟的、谦虚的、不安的、细心的、组织的、耐心的、有力量的、自尊的、文静的、反思的、放松的、有信仰、共鸣的、思索的、自负的、自觉的、理性的、感性的、害羞的、憨厚的、自发的、同情心、紧张的、值得信赖、温暖的、明智的、风趣的

2. 别人眼中的你

邀请三位同学在"描述清单"中选取他们眼中的你——适合描述你的形容词，放入下面方框中，尤其是你不自觉但是经常对外表现出来的行为。如果还有其他更适合的形容词，则可以请同学自行补充。

（1）同学A。

（2）同学B。

（3）同学C。

3. 填制乔哈里窗

将自己挑选出来的形容词与同学选出来的形容词做比对。

（1）将双方都选到的形容词填入图2-1-2中的窗口1。

（2）将只有同学选到的形容词填入图2-1-2中的窗口2。

（3）将只有自己选到的形容词填入图2-1-2中的窗口3。

（4）将没有被选到的，但是你希望拥有或发展的形容词填入图2-1-2中的窗口4。

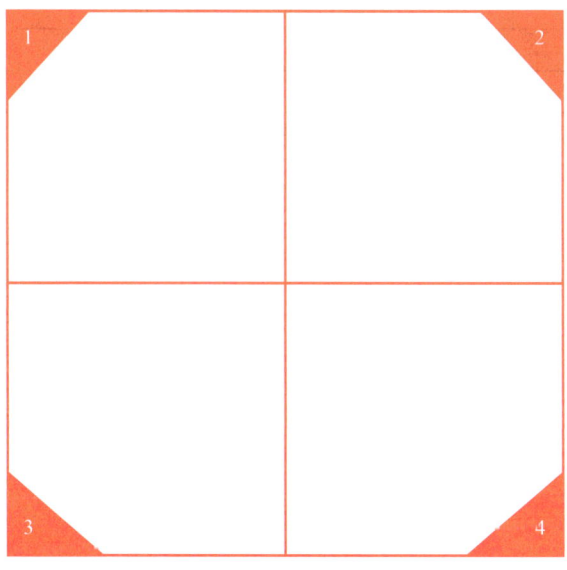

图2-1-2 我的乔哈里窗

单元二　重构发展兴趣

【课堂训练】

重温你愉快的回忆

1. 记忆盘点

回忆并写下你经历的最让你感到愉快的三件事。
_____；_____；_____

2. 思考问题

（1）从心智思考和事务处理的维度来评估，这些事过程中哪个点让你感到最愉快？
_____
_____
_____
_____
_____

（2）这三件事偏向与人接触还是与物接触？
_____
_____
_____
_____

【单元任务】

破解你的霍兰德代码

知识链接：霍兰德职业兴趣测试

➢ 任务目的

通过霍兰德职业兴趣测试工具了解自己的兴趣类型。

➢ 任务内容

1. 找出霍兰德代码

扫描二维码，完成线上测试，找出自己的霍兰德代码并填入下方。
我的职业兴趣代码是：_____；_____；_____

2. 思考与计划

（1）我可以在过往的经历中找到佐证测试结果的线索（列出具体的事例）。
_____
_____
_____

（2）基于我的兴趣，列出在大学期间我想尝试做的事情。
_____
_____
_____

（3）未来的工作世界里，可能适合我从事的职业有哪些？请列出。
_____
_____
_____

知识链接：
霍兰德职业索引

单元三　提升职业能力

【课堂训练】

夸夸你自己

1. 能力盘点

请在五分钟内尽可能多地写下自己所拥有的能力，与你的同伴分享，看看谁写得多，大家写的有什么不同？
_____
_____
_____

2. 能力分类

汇总大家所写的能力，可以将它们进行分类吗？可以分为几类？
_____
_____
_____
_____

【单元任务】

分析并发展职业核心能力

> 任务目的

找到自己的职业核心能力。

> 任务内容

1. 评估现有能力

请在图2-3-1中,对自己的现有能力做出高(H)、中(M)、低(L)的评估,在相应位置的"□"中勾选,如果你有列表中没有的能力,也可以补充上来。

2. 匹配能力与岗位

请选出五个被你评估为"高"的能力,将它们关联你觉得合适的岗位,完成表2-3-1的填写。

表2-3-1 匹配能力与岗位

序号	能力	适合岗位	工作内容
1			
2			
3			
4			
5			

3. 思考与计划

思考自己的未来的目标岗位,观察自己勾选的能力中,那些被你列为"低"的能力,将它们按照发展的优先级排序,并写下你发展这些能力的方法。

第一重要:_____

_____

培养计划或方法:_____

_____

第二重要:_____

培养计划或方法:_____

_____

第三重要:_____

培养计划或方法:_____

_____

单元三　提升职业能力

批判性思考	□ 高 □ 中 □ 低	做决策	□ 高 □ 中 □ 低	问题解决	□ 高 □ 中 □ 低
适应力	□ 高 □ 中 □ 低	沟通技巧	□ 高 □ 中 □ 低	创意与创新力	□ 高 □ 中 □ 低
影响与说服力	□ 高 □ 中 □ 低	工作伦理	□ 高 □ 中 □ 低	跨文化素养	□ 高 □ 中 □ 低
领导力	□ 高 □ 中 □ 低	团队协作	□ 高 □ 中 □ 低	信息技术	□ 高 □ 中 □ 低
研发力	□ 高 □ 中 □ 低	分析力	□ 高 □ 中 □ 低	规划力	□ 高 □ 中 □ 低

图 2-3-1　能力清单

单元四 树立正向职业价值观

【课堂训练】

厘清价值观

价值观是人们关于什么是价值、怎样评判价值、如何创造价值等问题的根本观点。我们的价值观塑造了我们的行为和行动。研究表明，有韧性的人更注重他们的价值观。当我们花时间真正审视我们的价值观是什么及为什么它对我们很重要时，我们就能更好地准备迎接生活中的挑战。厘清个人价值观可以帮助我们了解：我的人生想去哪里？如何到达那里？在我人生中，什么是最优先的？在某些情况下，我的反应是什么？对我来说什么是最对的决定？请依据下列步骤，厘清在家庭、工作及社会中，我们觉得最重要的价值观。

1. 列出价值观

请在方框中列出你觉得最重要的10个价值观，可以参考下面的"价值清单"选取。

价值观清单

受欢迎的、成就感、冒险、事业、平衡、美、勇气、有人脉、正义感、创造力、好奇心、有财富、重友谊、乐趣、慷慨、诚实、谈心的朋友、幽默、社交能力、喜悦、体贴、领导力、持续学习、大自然、忠诚、谦逊、环游世界、玩乐、美食、安全感、仁慈、智慧、知识渊博、做慈善、诚实、爱、有能力、正直、有信仰、帮助别人、有赚钱的能力、讲信用、关心、健康、成长、被认可、独立、可靠性、美满婚姻、亲密的伴侣、乐观、孝顺、运动健身、自信

---

2. 澄清价值观

请在价值观清单中选出的10个价值观分别填入图2-4-1中（越靠近圆心越重要）。

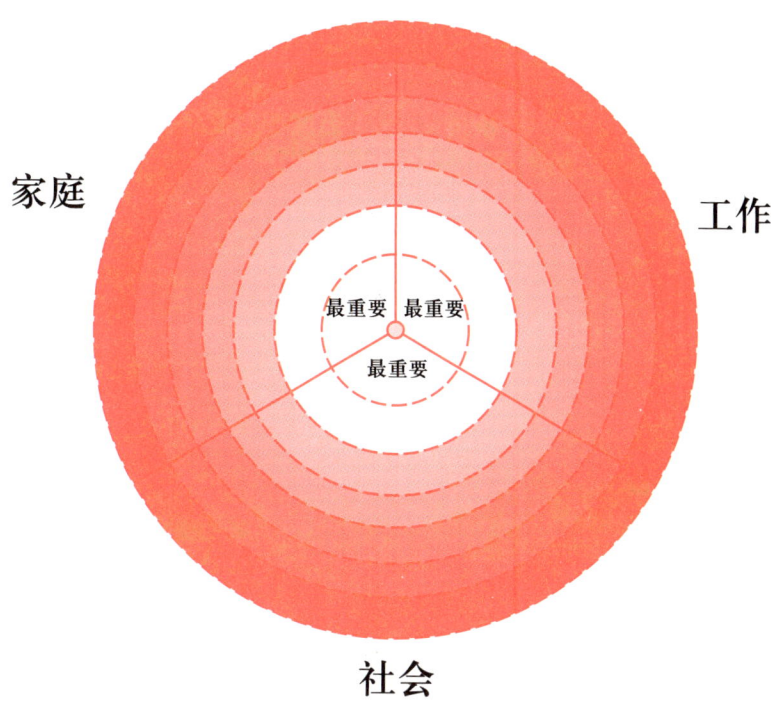

图2-4-1 价值观分类澄清图

【单元任务】

完成你的自画像

> ➤ 任务目的

通过梳理兴趣、能力、价值观，加深自我认知。

> ➤ 任务内容

综合所学的自我探索、兴趣、能力与价值观，开展自我认知并完成自画像（图2-4-2）的绘制。

自己所重视的价值	欣赏自己的为人处世态度
最为重视：_____	最为欣赏：_____
第二重视：_____	第二欣赏：_____
第三重视：_____	第三欣赏：_____
价值 values	**态度 attitudes**
知识 knowledge	**能力 skills**
我已获得的知识	自己最干练突出的能力
获得最多：_____	最为突出：_____
第二获得：_____	第二突出：_____
第三获得：_____	第三突出：_____

图2-4-2　我的自画像

模块三 讲求决策艺术 锚定职业目标

单元一　启动职业决策

【课堂训练】

找出影响决策的因素

1. 重大决定描述

请回忆迄今为止你在生活中所做过的三项重大决定，按以下内容予以描述，并在纸上记录下来。

（1）目标或当时的情境：＿＿＿＿＿＿＿＿＿＿＿＿＿＿＿＿＿＿＿＿＿＿
（2）你所有的选择：＿＿＿＿＿＿＿＿＿＿＿＿＿＿＿＿＿＿＿＿＿＿＿＿
（3）你做出的选择：＿＿＿＿＿＿＿＿＿＿＿＿＿＿＿＿＿＿＿＿＿＿＿
（4）影响决策的因素：＿＿＿＿＿＿＿＿＿＿＿＿＿＿＿＿＿＿＿＿＿＿
（5）对结果的评估：＿＿＿＿＿＿＿＿＿＿＿＿＿＿＿＿＿＿＿＿＿＿＿

2. 决策影响因素分析

哪些因素对决策的结果产生了重要影响？如何看待决策的结果？

＿＿＿＿＿＿＿＿＿＿＿＿＿＿＿＿＿＿＿＿＿＿＿＿＿＿＿＿＿＿＿＿＿＿
＿＿＿＿＿＿＿＿＿＿＿＿＿＿＿＿＿＿＿＿＿＿＿＿＿＿＿＿＿＿＿＿＿＿
＿＿＿＿＿＿＿＿＿＿＿＿＿＿＿＿＿＿＿＿＿＿＿＿＿＿＿＿＿＿＿＿＿＿
＿＿＿＿＿＿＿＿＿＿＿＿＿＿＿＿＿＿＿＿＿＿＿＿＿＿＿＿＿＿＿＿＿＿

【单元任务】

探索你的决策风格

➢ 任务目的

反思和发现自己做决策时存在的问题。

➢ 任务内容

根据自己的日常表现，对表3-1-1中的24个描述进行回答（符合的打"√"）。

表3-1-1　决策风格测试

序号	描述	符合与否	类型
1	我常常凭第一感觉做决定		★
2	发现别人看法与我不同时，我常常不知所措		●
3	遇到难以决定的事，我通常会把它先放一放		▲

续表

序号	描述	符合与否	类型
4	做决定时，我会多方面搜集必需的重要信息		■
5	我常常快速做判断		★
6	做事时，我喜欢有人在身边随时商量		●
7	遇到需要做决定的事我就紧张不安		▲
8	我会将搜集到的信息比较分析，列出可选方案		■
9	我经常会改变自己所做的决定		★
10	我做事时不太喜欢自己出主意		●
11	我做事总爱想东想西，下不了决心		▲
12	我会在权衡各种选择的利弊得失后，做出最好的选择		■
13	做决定前我一般不会预先准备什么，临时看着办		★
14	我容易受别人意见的影响		●
15	我觉得做决定是一件痛苦的事		▲
16	我会先参考他人意见，同时考虑自己的情况，再做决定		■
17	我经常不认真思考就做决定		★
18	我常常在父母、老师、朋友的催促下才做决定		●
19	为了避免做决定的痛苦，我现在不想做决定		▲
20	做决定时我会深思熟虑，明确选择一项最佳方案		■
21	我喜欢凭直觉做事		★
22	我喜欢让父母、老师、朋友替我做决定		●
23	我处理事情常常犹豫不决		▲
24	在已经决定了方案后，我会展开行动全力以赴去执行		■

计分说明：计算符合自己的描述，并填入表3-1-2。看看四种类型中哪一种最多，即代表你属于该决策风格。

表3-1-2　决策风格测试结果

类型	数量	决策风格
★		冲动直觉型
●		依赖他人型
▲		拖延犹豫型
■		客观理性型

类型解析：

（1）冲动直觉型（★）：此类型的人，做决定时全凭感觉和想象，较为冲动，较少系统地搜集相关的信息、考虑利弊得失，属于较为冲动的类型，但能为自己的决定负责。

（2）依赖他人型（●）：此类型的人，常常需要等待或依赖他人替他做决定，较为被动与顺从，很少能系统地搜集相关的信息，容易把决定的后果和责任推托给别人。

（3）拖延犹豫型（▲）：此类型的人，虽然搜集很多相关的信息，但由于顾虑太多，无法做出取舍，因此常常处于挣扎的状态，难以做出决定。

（4）客观理性型（■）：此类型的人，能系统地搜集充分的相关信息，有逻辑地分析比较各个选项的利弊得失，做出最适当的决定，并且勇于对自己的决定负责。

单元二　善用决策工具

【课堂训练】

运用决策平衡轮

选取最近需要决策的事项，针对决策的两个选项利用平衡论进行决策分析。

1. 列出标准

在进行选择的时候，我们最看重的价值都有哪些？采用头脑风暴的方式，全部列出来，相似的价值可以进行合并。

_____

_____

2. 画平衡轮

首先，将图3-2-1中左边的圆平分成几等份，份数根据第一步确定的价值数量而定。在每个弧形的边缘，标注出看重的价值要素。然后，完成右边的平衡轮，注意每个要素的对应位置，便于进行比较。

3. 评估打分

先对一个选项的所有要素进行满意度打分（1~10分）。之后再对另一个选项进行打分。打完分后，用相同的色彩，对应地把两个选项的各种要素描绘出来。

4. 询问看法

看着这两个决策平衡轮，你此刻有什么新的想法？还有哪些困惑？

_____

_____

单元二 善用决策工具

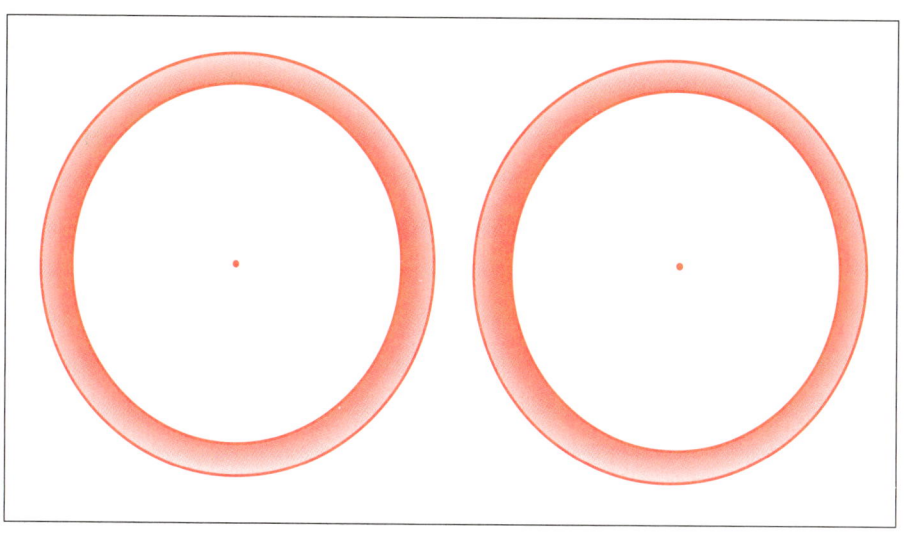

图 3-2-1 决策平衡轮

5. 目标检核

3年后你想要的生活是怎样的？哪一个选项更有助于达成你想要的那个目标？

_____

_____

_____

【单元任务】

练习使用决策工具

> 任务目的

练习使用刚刚学会的决策工具直至熟练掌握。

> 任务内容

假设你近期要做出"职业选择"的决策，运用你刚刚学到的决策平衡单，在表 3-2-1 中对每个选项做出分析。

表 3-2-1 职业选择决策平衡单

考虑因素/选项		权重	职业选择1		职业选择2		职业选择3	
			打分	加权得分	打分	加权得分	打分	加权得分
个人物质方面的得失	（1）收入							
	（2）工作的难易程度							
	（3）升迁的机会							

27

续表

考虑因素/选项		权重	职业选择1		职业选择2		职业选择3	
			打分	加权得分	打分	加权得分	打分	加权得分
个人物质方面的得失	（4）安全的工作环境							
	（5）休闲的时间							
	（6）生活变化							
	（7）对健康的影响							
	（8）就业机会							
	（9）其他							
他人物质方面的得失	（1）家庭经济							
	（2）家庭地位							
	（3）与家人相处的时间							
	（4）其他							
个人精神方面的得失	（1）生活方式的改变							
	（2）成就感							
	（3）自我实现的程度							
	（4）兴趣的满足							
	（5）挑战性							
	（6）社会声望的提高							
	（7）其他							
他人精神方面的得失	（1）父母							
	（2）师长							
	（3）配偶							
	（4）其他							
得分								
总分								
优先级								

说明：如果你更喜欢其他的决策工具，也可以尝试练习使用。决策工具没有优劣之分，只有依据问题和自己的偏好选择合适的，才能帮助我们做出更好的决策。

单元三　发展动态决策

【课堂训练】

发展有计划的偶然事件

偶然事件理论告诉我们，在事件发生前，要努力创造发生的可能性；当事件发生时，要对潜在机会保持警觉与敏感；而在事件发生以后，更要及时采取行动并从中受益。

（1）写下一件你渴望发生的偶然事件。

_____
_____
_____

（2）现在怎么做，能够增加这件事发生的可能性？

_____
_____
_____

（3）如果你这样做了，你的生活可能会发生哪些改变？

_____
_____
_____

（4）为了接近你想要的结果，现在可以采取的第一步行动是什么？

_____
_____
_____

【单元任务】

设计动态职业路径

➢ 任务目的

通过阅读材料、思考案例，练习设计动态职业路径。

模块三 讲求决策艺术 锚定职业目标

➢ 任务内容

1. 阅读材料

张明是一名外语专业的学生,临近毕业的他发现自己非常喜欢酒店相关的工作。他利用假期时间在一家本地的五星级酒店打工,虽然很累但也很充实。张明的父母一直希望他去国外留学,但他认为酒店行业需要的是经验而不是学历,出国留学并不会带来多大益处。他决定从酒店服务员做起,不管别人的眼光,他的目标是成为一家知名酒店的部门总监。

2. 思考案例

(1)你觉得张明能顺利实现他的目标吗?
(2)可能的风险因素有哪些?
(3)张明应如何灵活调整自己的目标以适应环境的变化?

3. 使用工具

请试着使用不同的决策工具,为张明提供几种不同的选择方案。

_____
_____
_____

单元四 实施行动计划

【课堂训练】

制定符合 SMART 原则的目标

1. 判断目标合理性

请判断表3-4-1中各项目标是否符合SMART原则。

表3-4-1 目标清单

序号	目标	明确的(S)	可衡量的(M)	可实现的(A)	相关的(R)	有时限的(T)
1	这学期我要努力读书					
2	毕业后,我要找一份工作					
3	我要学好专业课					
4	我要在三个月内学会弹吉他					
5	今晚8点前,我要写完一份1 000字的读书心得体会					

单元四 实施行动计划

续表

序号	目标	明确的(S)	可衡量的(M)	可实现的(A)	相关的(R)	有时限的(T)
6	今年暑假，我要报名参加志愿者活动					
7	我最近要花一些时间陪伴父母					
8	我要戒掉吃夜宵的习惯					
9	我想要运动健身					
10	我要每天早上背诵10个英文单词					

2. 修正目标

请修改表3-4-1中的各项目标，使其更加符合SMART原则。

_____
_____
_____

【单元任务】

拟定未来1年的目标与行动计划

➢ 任务目的

拟订可执行的生涯行动计划。

➢ 任务内容

1. 编制行动计划表

行动计划表如表3-4-2所示。

表3-4-2 行动计划表

项目		记录
日期	今天的日期	
	目标日期	
	实现日期	
目标		

说明：拟订可执行的生涯行动计划，具体内容可能包括以下几个方面。

（1）评估当前社会环境（社会需求、发展趋势等）。

（2）调查研究感兴趣的职岗、公司信息。

（3）准备个人专业材料（履历、学位资料、执照、证书、作品集等）。

（4）个人学习计划（如培训课、研讨会线上课程等）。

（5）演练行动（面试技巧、简报技巧、演说技巧等）。

2. 拆解子目标

判断每个子目标是否符合SMART原则（表3-4-3）。

表3-4-3　子目标列表

子目标	明确的（S）	可衡量的（M）	可实现的（A）	相关的（R）	有时限的（T）

3. 说明目标的重要性

（1）这个目标很重要，因为：_____

_____

（2）实现这一目标的好处是：_____

_____

4. 启动行动

请在表3-4-4中填写子目标潜在阻碍与潜在解决方案。

表3-4-4　子目标潜在阻碍与解决方案

潜在阻碍	潜在解决方案

盘点资源：什么人可以帮助你启动你的计划？有什么资源可以为你所用？

_____

_____

5. 具体行动步骤

请在表3-4-5中填写行动步骤。

表3-4-5 行动步骤

行动项目	预计完成日期	检核完成度

模块四 激发创业梦想 投身创业实践

模块四 激发创业梦想 投身创业实践

单元一 建立创业思维

【课堂训练】

评估你的创业素质

创业素质问卷（表4-1-1）可以在一定程度上测试你在现阶段是否适合开始创业。每题均有四个答案："4"代表"经常"；"3"代表"有时"；"2"代表"很少"；"1"代表"从来不"。请选择符合你实际情况的答案。

表4-1-1 创业素质问卷

序号	问题	计分			
1	在急需做出决策时，你是否在想——能否再让我考虑一下	4	3	2	1
2	你是否会为自己的优柔寡断找借口？认为需要慎重考虑，怎能轻易下结论呢	4	3	2	1
3	你是否为避免冒犯某个或某几个有实力的客户而想有意回避一些关键逆行问题，甚至表现得曲意奉承呢	4	3	2	1
4	你是否无论遇到什么紧急任务，都先处理掉你的日常琐碎事务呢	4	3	2	1
5	你只有在巨大的压力下才肯承担重任	4	3	2	1
6	你是否无力抵御或预防会妨碍你完成重要任务的干扰和危机	4	3	2	1
7	你在决定重要的行动和计划时，常忽视其后果吗	4	3	2	1
8	当你需要做出很可能不得人心的决策时，是否找借口逃避而不敢面对	4	3	2	1
9	你是否总是在晚上才发现有要紧的事没办	4	3	2	1
10	你是否因不愿承担艰巨任务而寻找各种借口	4	3	2	1
11	你是否常来不及躲避或预防困难情形的发生	4	3	2	1
12	你总是拐弯抹角地宣布可能得罪他人的决定	4	3	2	1
13	你喜欢让别人替你做你自己不愿做而又不得不做的事情	4	3	2	1
总分					

创业素质问卷解析如表4-1-2所示。

表4-1-2　创业素质问卷解析

分数	说明
50分以上	说明你的个人素质与创业者相去甚远
40~49分	说明你不算勤勉，应彻底改变拖沓、低效率的缺点，否则创业只是一句空话
30~39分	说明你在大多数情况下充满自信，但有时犹豫不决，不过没关系，有时候犹豫也是一种成熟、稳重和深思熟虑的表现
15~29分	说明你是一个高效率的决策者和管理者，更会是一个成功的创业者

根据你的得分，对自己是否具有良好的创业思维或创业心态做出评价。

_____

_____

_____

_____

_____

【单元任务】

采访创业者

➢ 任务目的

通过访谈活动，帮助学生深入了解创业及创业者的素质能力要求。

➢ 任务内容

想方设法与自己身边的创业者接触，采访他们，与他们成为朋友，将有机会得到最直接的创业经验与技巧。

请根据以下访谈提纲，以学习小组为单位，采访校内一位创业者，并形成访谈记录，比对创业者素质完成思考与复盘。

1. **访谈提纲**

（1）您为什么选择创业？

（2）能否讲一下您的创业过程？

（3）您的家庭环境条件如何？是否在创业过程中给予了足够帮助？

（4）请问您如何看待创业中遇到的困难？

（5）能否举例说明您创业中遇到的最大的挑战？对您有哪些启发？

（6）在您的创业过程中，您是如何打造自己和公司品牌的？

（7）您如何看待成功？

2. 访谈感受及复盘

探究创业的社会责任

> 任务目的

通过案例讨论，引导学生思考创业与社会责任的关系。

> 任务内容

重庆工业职业技术学院设计学院毕业生胡相洪，作为地道的奉节人，他坚守家乡药农的"参情梦"，立志做重庆地道药材品牌强农体系引领者。

在校期间，胡相洪怀揣反哺家乡的志向，组建"道可"学生团队，带领团队成员坚持自我提升，学习和调研党参相关知识，利用寒暑假到奉节县中药材产业协会实践，并协助协会成功申报了"奉节党参"国家地理商标。

2020年12月28日，习近平总书记在中央农村工作会议上的讲话中强调，"要吸引各类人才在乡村振兴中建功立业"。胡相洪深受鼓舞，经过三年来的不断探索，临近毕业的他经过深思熟虑，决定返乡创业，创建了重庆道可农业开发有限公司（以下简称道可公司），并得到母校的鼎力支持。学校将"道可团队"升级为"乡村振兴技术研发创新团队"，并在奉节县西槽村建立了"乡村振兴实践基地"，带领132名不同专业的优秀师生走入奉节县，共同助力道可公司。道可公司联合当地农科所，整理成《奉节县党参种植技术手册》，邀请专业专职技术人员，引导农户按照手册标准组织生产。道可公司签约了500户药农，打造了1 200亩（1亩≈666.7平方米）种植基地，开展培训8场，平均亩产提高30公斤。胡相洪的努力获得政府关注，奉节党参被纳入政府发展规划，道可公司成功入驻832扶贫电商平台。村支书和药农们发来了感谢信，胡相洪被聘为了奉节县中药材产业协会副会长，道可公司品牌富农的故事也获得了诸多媒体的报道。作为最懂奉节党参的年轻人，2021年他带着创业经历站上赛场，获得第七届中国国际"互联网+"大学生创新创业大赛国家级铜奖、第五届"渝创渝新"中华职业教育创新创业大赛国赛三等奖、奉节县创新创业大赛一等奖，并获得"夔州创业明星"称号。

讨论：大学生创业有哪些可以体现时代责任的切入口？

单元二　提升创新能力

【课堂训练】

体验头脑风暴法

请学习小组通过头脑风暴法探讨了解职业有哪些方式?

1. 准备阶段

以学习小组为单位，在十分钟内讨论了解职业的方式。

注意事项：在学习小组内确定主持人和记录者。主持人要彻底掌握头脑风暴法的基本原则和操作要点，并能够营造融洽的、不受任何限制的讨论气氛；记录者要认真记录，便于小组代表总结发言。

2. 畅谈阶段

学习小组内部进行讨论，想出尽可能多的备选项。

_____
_____
_____
_____
_____

注意事项：畅谈阶段是头脑风暴法的关键环节。学生可以找一面墙，利用便利贴，将每个想法都写在便利贴上并贴在墙上。

3. 评价选择阶段

以学习小组为单位开展竞赛，每个小组轮流说一个了解职业的方式，若出现重复内容或在十秒内无法接上的情况，则判定失败。

【单元任务】

思考组合创新法的应用

> **任务目的**

帮助学生体验及掌握组合创新法。

> **任务内容**

组合创新法在生活中应用广泛。例如，"洗衣机+烘干机=洗烘一体机"的创新设计，运用的是主体附加法，使洗衣机获得了更大的价值。请列举身边运用组合创新法的物品，并说出具体采用了哪种组合方式。

_____

_____

_____

单元三　发现创业机会

【课堂训练】

发现创业思维习惯

牛仔裤是现代人衣柜里常备的时尚单品。它的发明者是商人李维·斯特劳斯（Levi Strauss），当初他跟着一大批人去美国西部淘金，途中被一条大河拦住去路，许多人感到焦急不安，李维斯却说："太好了！"他设法租了一条船给想过河的人摆渡，结果挣到不少钱。不久，摆渡的生意被人抢走了，李维斯又说："太好了！"因为采矿出汗很多，饮用水紧张，于是别人采矿、他卖水，又挣到不少钱。后来卖水的生意也被别人抢走了，李维斯还说："太好了！"因为采矿工人跪在地上，裤子的膝盖部分特别容易被磨破，而矿区里有许多被抛弃的帆布帐篷，李维斯就把这些旧帐篷收集起来洗干净做成裤子，销量很好，牛仔裤就是这样诞生的……

请写下李维·斯特劳斯在发现创业机会的过程中体现了哪些思维习惯？

_____

_____

_____

【单元任务】

发 现 商 机

> 任务目的

帮助学生体验从身边痛点寻找商机。

> 任务内容

从自身的生活中去寻找大学生生活中存在的痛点，尝试从问题中发现商机。请同学们分组后讨论，并记录在表4-3-1中。

表4-3-1　发现商机记录表

类别	痛点	解决的方案	发现的商机
衣			
食			
住			
用			
行			
其他			

单元四　做好创业准备

【课堂训练】

整合创业资源

厦门大学张德富教授带领学生团队，研发了"我知盘中餐"大数据精准助农平台。该平台利用大数据和人工智能等前沿科技，为农民提供生产规划、技术指导、农产品精准营销及品牌建设等服务，更好地解决了农民产、供、销的难题，让消费者吃得安心，助力精准脱贫和乡村振兴。

每年暑假，"我知盘中餐"项目团队都会组织实践队伍奔赴革命老区和贫困地区，开展红色筑梦之旅精准扶贫和振兴乡村实践活动。这一团队通过高校、企业、学校平台联合进行电商扶贫，利用大学生的知识和智慧，对农村地区原生态产品的生产、包装设计、品牌策划及市场营销，进行全方位的指导和帮助，有效地解决了很多高校实践团队没有自己的平台，难以把电商扶贫做实、做细、做出成效的问题。

该师生创业团队深入农村合作社，对农民生产状况、农产品种类和产量及销售状况进行调研，针对农产品销售及食品安全等问题，组织当地农民，依托"我知盘中餐"平台开展创业培训，让互联网大数据助力农业生产，让农民了解到互联网、大数据、电商等知识，拓宽了农民脱贫致富的思路，激发了当地群众创业致富的内生动力。大学生"手把手"教农民如何使用平台销售农产品，拓宽了农产品销路，也为当地具有特色的农特产品进行文化创作和宣传，提高农产品附加值，从青年大学生、农产品价值链平台运行，大数据精准助农等角度，对当地产业发展提出建设性的意见和建议。

针对农业农村存在的盲目跟风种植、种植不科学、农产品滞销及农产品品质无法保证等痛点，厦门大学大数据与计算智能团队在张德富教授的带领下，结合多年为华为等企业做大数据项目积累的核心技术，扎根实验室，经过几年的刻苦攻关，研发出农业产业链大数据精准助农平台。该平台为农民提供种养殖生产规划、线上线下种养殖技术咨询、O2O（online to offline）销售渠道拓展和可溯源特色品牌建设四大服务。

视频连线："我知盘中餐"路演

阅读完案例后,请同学们思考并讨论以下问题。

(1)"我知盘中餐"的创业资源有哪些?
_____
_____

(2)"我知盘中餐"创业团队是如何利用和整合这些资源的?
_____
_____

(3)这一创业项目是如何整合资源和获取融资来创业的?
_____
_____

【单元任务】

体验 100 元创业实践

➢ 任务目的

完成创业要素与构思专项训练。

➢ 任务内容

学生以学习小组为单位自行众筹100元,以三周的时间开展创业实践。任务具体说明如图4-4-1所示。在具体实践之前,请在教师的引导下完成创业要素与构思(表4-4-1)。

图4-4-1 任务具体说明

表4-4-1 创业要素与构思

序号	要素	构思
1	机会	
2	团队成员分工	
3	资源	

模块五 掌握就业信息 做好求职准备

单元一　分析就业形势

【课堂训练】

访 谈 学 长

请同学们以小组为单位，参照以下采访清单，邀请三位学长谈谈自己的求职经历及感受。

（1）你迄今为止印象最深的一次求职体验是什么？

_____

_____

（2）你印象最深刻的一个面试提问是什么？

_____

_____

（3）从你的面试体验来说，你对在读生的建议是什么？

_____

_____

测试你的求职能力

请在下列选项中选择与你在求职时发生过的情形最相近的答案，或者依据假如你遇到相应情形时可能发生的情况进行选择。如实作答，对自己负责，找出自己的不足并及时改善。

1. 测试题目

（1）你不愿意和不认识的人沟通，以获取更多自己所感兴趣职业的相关信息。

（　　）

　　A. 不是　　　B. 基本不是　　　C. 不确定　　　D. 基本是　　　E. 是

（2）即便某个老板并不缺人，你也会主动向他询问，是否有其他公司需要雇人。

（　　）

　　A. 不是　　　B. 基本不是　　　C. 不确定　　　D. 基本是　　　E. 是

（3）除非你知道该公司缺人，否则你不会毛遂自荐。（　　）

　　A. 不是　　　B. 基本不是　　　C. 不确定　　　D. 基本是　　　E. 是

（4）你不愿意直接向用人单位应征工作，而宁可通过中介公司介绍。（　　）

A. 不是　　　B. 基本不是　　C. 不确定　　D. 基本是　　E. 是

（5）当知道有某个职位空缺时，你通常不会主动去询问有关的详情，除非有认识的人。（　　）

A. 不是　　　B. 基本不是　　C. 不确定　　D. 基本是　　E. 是

（6）面试前，你会与该公司的职员联系，或调查用人单位的一些情况，以求获得更多有关公司状况的信息。（　　）

A. 不是　　　B. 基本不是　　C. 不确定　　D. 基本是　　E. 是

（7）你相信有经验的职业咨询人员，认为通过他们会更清楚自己适合什么样的工作。（　　）

A. 不是　　　B. 基本不是　　C. 不确定　　D. 基本是　　E. 是

（8）如果秘书告诉你老板太忙暂时无法和你面谈，则你会放弃与该雇主继续联络。（　　）

A. 不是　　　B. 基本不是　　C. 不确定　　D. 基本是　　E. 是

（9）当你认为自己符合条件而人事部门却拒绝给你面试机会时，你会直接与老板联络。（　　）

A. 不是　　　B. 基本不是　　C. 不确定　　D. 基本是　　E. 是

（10）当面试官请你陈述自己的工作经验时，你只会陈述曾经实际支付过薪水的工作。（　　）

A. 不是　　　B. 基本不是　　C. 不确定　　D. 基本是　　E. 是

（11）你会刻意忽视自己的资历条件，这样雇主才不会认为你以高就低。（　　）

A. 不是　　　B. 基本不是　　C. 不确定　　D. 基本是　　E. 是

（12）在面试时，你很少主动提问题。（　　）

A. 不是　　　B. 基本不是　　C. 不确定　　D. 基本是　　E. 是

（13）你尽量避免用电话与雇主联系，因为你担心他们可能太忙，没时间和你交谈。（　　）

A. 不是　　　B. 基本不是　　C. 不确定　　D. 基本是　　E. 是

（14）你认为得到一个理想的工作需要很好的运气。（　　）

A. 不是　　　B. 基本不是　　C. 不确定　　D. 基本是　　E. 是

（15）你宁可直接与将来的顶头上司联络，而不是只与公司的人事部接洽。（　　）

A. 不是　　　B. 基本不是　　C. 不确定　　D. 基本是　　E. 是

（16）你不太愿意请教授或上司帮你写推荐信。（　　）

A. 不是　　　B. 基本不是　　C. 不确定　　D. 基本是　　E. 是

（17）除非自己的资格条件符合应聘资格，否则你不会去应聘这个工作。（　　）

A. 不是　　　B. 基本不是　　C. 不确定　　D. 基本是　　E. 是

（18）如果第一次面试表现不太理想，则你会要求安排第二次面试。（　　）

A. 不是　　　B. 基本不是　　C. 不确定　　D. 基本是　　E. 是

（19）即使你没有被录用，你也会打电话给该雇主询问自己该如何改进，以便将来能获得同样性质的工作。（　　）

　　　　　　A. 不是　　　B. 基本不是　　　C. 不确定　　　D. 基本是　　　E. 是

（20）向朋友询问招聘信息会使你感到不自在。（　　）

　　　　　　A. 不是　　　B. 基本不是　　　C. 不确定　　　D. 基本是　　　E. 是

（21）在决定要从事什么职业之前，你会先看看还有哪些工作机会。（　　）

　　　　　　A. 不是　　　B. 基本不是　　　C. 不确定　　　D. 基本是　　　E. 是

（22）当面试官对你说"有职位空缺时，我会与您联络"时，你认为其实根本就没有机会了。（　　）

　　　　　　A. 不是　　　B. 基本不是　　　C. 不确定　　　D. 基本是　　　E. 是

（23）你清楚所应聘的职位能给你带来什么，并且知道在这里所能积累的东西对下一步职业发展会有帮助。（　　）

　　　　　　A. 不是　　　B. 基本不是　　　C. 不确定　　　D. 基本是　　　E. 是

（24）在找工作迟迟没什么结果时或就业市场不景气时，你希望抓住任何所能找到的工作。（　　）

　　　　　　A. 不是　　　B. 基本不是　　　C. 不确定　　　D. 基本是　　　E. 是

2. 计分标准

A=1分，B=2分，C=3分，D=4分，E=5分。

"102＋（2）、（6）、（7）、（9）、（15）、（19）、（23）题分值总和－其余题分值总和"为最终得分。

3. 测试结果

（1）91分以上：说明你是个很有信心、目标感很强的人，你懂得利用任何有用的资源为自己服务，甚至有时看来不可能的事，你却常常能办到。你已经拥有了很好的求职技巧，即使暂时求职不顺，也是技巧之外的原因。

（2）90~61分：说明你的求职能力一般。你常常会与一些本来很合适自己的工作失之交臂。你应对应以上题目中的各个方面找出主要的原因，以求有针对性地改进。

（3）60分以下：说明你的求职能力较差，信心不足。通常你的职业状况也不会很好。反省与提升是你最需做的两件事。你需要特别注意，自己的职业定位是不是清晰？职业目标是不是明确？求职技巧方面急需培训提升。

【单元任务】

分析新职业与传统职业的异同

➤ 任务目的

通过案例研讨，辅助学生深刻认识新职业与传统职业的异同。

➤ 任务内容

阅读以下材料并根据表5-1-1的内容进行比较分析。

1. 全媒体运营师

根据中华人民共和国人力资源和社会保障部给出的定义，全媒体运营师需要综合利用各种媒介技术和渠道，采用数据分析、创意策划等方式，对信息进行加工、匹配、分发、传播、反馈等。随着互联网信息从生产到传播的形式越来越丰富，传统的专注单一工作内容的"小编"很难做到精准传播、高效运营，进而产生了水平更高、能力更综合的全媒体运营师的需求。它的职责类似传统内容运营、新媒体运营的"升级版"。

在全媒体运营师的从业者中，"90后"为绝对主力，女性居多，并且年轻从业者正在不断增加。运营岗位月薪普遍在5 000~20 000元之间，用户运营、活动运营、社群运营等技能需求最为普遍。

网络经济的快速发展成为运营人才需求的驱动力。截至2022年，我国消费互联网企业从业人员超过千万人。社会对于运营人才的需求已从互联网行业渗透至传统行业，甚至机械制造等行业也开始招聘运营人才，他们能够在短视频平台及微信平台进行产品展示及售卖。

2. 行政助理

行政助理如同兢兢业业的管家，其属于一个宽泛性职位，可细化为多个不同职位，企业资料员、复印室管理员、前台接待等均可归入行政助理行列。行政助理必须将企业这个大家庭中杂乱无章的事务管理得井然有序，在各种行政事务方面帮助和服务于公司员工，通过安排主管日程、填写计划列表、处理信息需求、制作数据报告、安排会谈会议、接待客户来访、维护记录管理、完成文件归档等，从多方面综合性地完成高质量的行政管理工作。尽管工作相对烦琐，但其较低的门槛无疑是想从事行政管理工作的求职者的普遍选择。行政助理通过在此职位上的锻炼培养，有望在了解企业运营流程、积累丰富工作经验、建立相应人脉网络的基础上，获得更为广阔的发展空间。

行政助理必须能够熟练地准备统计报表、书面报告，以及做管理方面的演说，所以要求熟练掌握个人计算机技术、Word、Excel和PowerPoint的使用，以及创建多种专业文件的经验。分析性思维很重要，因为他们经常需要对自己的工作进行轻重缓急的判断，并且要对公司的发展和表现进行逐步地监控。行政助理需要有非常好的组织能力，传播公司的正面形象并很好地反映在组织工作中，熟悉如何进行控制。初级职位的最低要求一般是专科文凭和熟悉基本办公技能。

表5-1-1 新职业与传统职业对比

对比项目	新职业	传统职业
优势		
劣势		

单元二　获取就业信息

【课堂训练】

建立个人就业信息管理库

请你结合自己所学专业收集10家不同企业的招聘信息纳入"个人就业信息管理库"。

表5-2-1　个人就业信息管理库

序号	收集时间	单位名称	单位性质	单位地址	招聘人数	联系电话	联系邮箱	学历要求	获取途径	备注
1										
2										
3										
4										
5										
6										
7										
8										
9										
10										

【单元任务】

转动求职罗盘

➢ 任务目的

了解求职应该准备的环节和搜集的信息，找到求职过程中的重心并列出行动计划。

➢ 任务内容

请同学们仔细阅读求职罗盘（图5-2-1）上的八个维度。

_____年 _____月

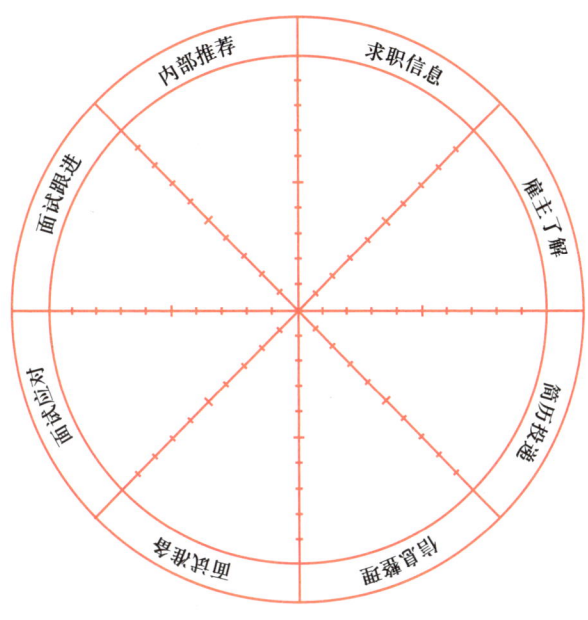

图 5-2-1　求职罗盘

（1）求职信息——在你力所能及的范围内，你有多少种渠道和方式去搜索求职信息？

（2）雇主了解——你对求职的单位了解多少？是第一次了解该单位吗？还是曾经在该单位实习过？

（3）简历投递——你对简历的撰写格式和投递形式的掌握程度如何（包括网络申请）？

（4）信息整理——你有没有一个表格去对你所期待的职位进行相应整理？

（5）面试准备——对于各种形式的面试，你是否熟悉相应的面试方式？是否熟悉面试官的风格？

（6）面试应对——对于现场的发挥和心态准备，你的状态如何？

（7）面试跟进——对于面试后续的跟进，你做了多少工作？

（8）内部推荐——你能否获得求职单位中的核心人物对你进行强烈推荐？

1. 根据你的现状进行梳理

（1）根据你的现状，依次填写你求职的各个方面的打分（前面四项主要侧重于寻找求职机会，获得面试，后面四项主要是在面试过程中增加你的成功率和获得工作机会），并尝试回答下面（3）和（4）中的问题。

（2）请给你现在的每个领域打分（分值区间为1~10分，1分表示"最差"，10分表示"最满意"）。

（3）哪个领域的分数最高？为什么？哪几个领域的分数较低？原因何在？

（4）如果你想让自己的求职能力提升，那么哪个领域的分数提升会让你有明显的进步？你想马上处理哪个领域？这个领域的分数提升到多少会变成你的满意状态？

2. 寻找重难点

在通常情况下，针对刚开始求职的大学生，人们会在每个领域中给出具体的技术要求，以让其有目的地提升。

（1）求职信息——在网络时代，你需要寻找新的求职方式搜索求职信息。

（2）雇主了解——你需要对雇主的信息有非常详细的了解。

（3）简历投递——你需要熟练掌握简历的撰写格式和投递形式（包括网络申请）。

（4）信息整理——你需要有一个表格去对你所期待的职位进行相应整理。

（5）面试准备——你需要熟悉各种形式的面试方式，并且熟悉面试官的风格。

（6）面试应对——你需要保持好的身体状态和心理状态，以保证面试现场的正常发挥。

（7）面试跟进——面试后，你需要做必要的跟进工作。

（8）内部推荐——你需要努力寻找求职单位中可以对你进行强烈推荐的核心人物。

在参考了具体的技术要求之后，请关注求职罗盘中你最想改变的领域并开始思考。你需要做到什么才会让这个领域的分数提升。写出你目前可以做的三件事。

3. 确定行动计划

说明：请记住，到这一步只是你知道该怎么办，这并不能改变你的现状，所以还需要追问以下问题。

（1）我是否已经做了这些行动？

（2）我的行动计划是什么？

（3）我会在什么时候开始行动？

（4）我行动计划的第一步是什么？

单元三　分析与应用就业信息

【课堂训练】

寻找岗位的霍兰德代码

还记得在模块二中学习的霍兰德代码吗？选择三个你感兴趣的岗位，按照上一单元的方法搜集职业信息，然后根据你收集到的信息，分别找出三个岗位的霍兰德代码，再将这些岗位的代码与你自己的代码进行比较，你有哪些发现？

1. 岗位1及可能的霍兰德代码

2. 岗位2及可能的霍兰德代码

_____

_____

3. 岗位3及可能的霍兰德代码

_____

_____

【单元任务】

拆解就业信息

> 任务目的

通过练习,帮助学生提升分析岗位招聘信息的能力,提高求职准备度。

> 任务内容

用人单位发布的招聘信息是毕业生获取就业信息的重要来源,对毕业生而言,通过拆解招聘启事可获得有价值的就业信息。

以两则招聘启事为例,同学们试着从岗位职责、技能要求等维度分析其招聘要求。

1. 招聘启事——维修电工

维 修 电 工

岗位职责:
(1)执行设备预检预修制度。
(2)维护、保养电气设备、仪器、仪表。
(3)操作相关设备,监控设备运行参数。
(4)填写设备维修和设备检查各项原始记录。
(5)协助技术组的技改技革。
技能要求:
(1)熟悉机械制造与电工理论知识,能看懂电气原理图和安装布置图,熟知维修电工安全技术操作规程,掌握常用仪器、仪表和工具的使用与维护保养方法,持有电工上岗操作合格证。
(2)当设备出现故障时应正确判断故障部位和故障原因,及时制定有效的处置办法并能排除一般故障,避免造成生产线停产。
(3)了解车间设备、仪器、仪表的名称、规格型号、结构、性能。
(4)与设备技术人员、机修钳工保持频繁联系,与车间其他员工保持一般接触。
(5)拥有学习新技能和新知识的能力。
招聘要求分析如下。

_____

_____

_____

2. 招聘启事——汽车装配工

汽车装配工

岗位职责：

（1）掌握汽车装配技能，装配汽车零件要严格按工艺规程和技术标准执行，杜绝野蛮操作。

（2）在生产线开动前确保工具完好、零件到位，确保汽车总装生产线顺利运行。检查上道工序流转过来的产品。

（3）确保每天校验扭力扳手，确保扭力扳手校验不过期。

（4）定期对本工位生产设施及工位器具进行保养；保持工作区域清洁、安全文明生产。

技能要求：

（1）熟悉汽车结构知识，掌握本工位及前后工位所装零部件的名称、规格和在汽车上的作用。熟悉本工位的安全技术操作规程。

（2）工作尽心尽责，避免错漏装，禁止野蛮操作。

（3）与相关人员保持频繁联系，在工作中发现异常情况应及时反映。

（4）对汽车装配过程中的突发事故有一定的判断能力和分析能力，并能预测汽车总装过程中可能发生的问题。

招聘要求分析如下。

_____
_____
_____

模块六 形塑自我品牌 开启求职模式

模块六　形塑自我品牌　开启求职模式

单元一　明确职业志向

【课堂训练】

分享职业榜样

以小组为单位进行主题分享，请小组成员轮流介绍自己的职业榜样，并说明这位先锋人物的职业生涯中格外吸引自己的因素。

小组讨论完毕，派出一名组员与全班同学分享。通过该活动你得到哪些启发？

_____
_____
_____
_____

【单元任务】

厘清工作、职业、事业和使命

➢ 任务目的

通过活动让学生厘清工作、职业、事业和使命的概念及其之间的差异，树立正确的工作信念与价值观，更好地规划未来。

➢ 任务内容

1. 准备工作

对学生进行分组，每个小组准备一张大的海报纸、一盒彩笔。

2. 小组协作

（1）小组内讨论，在海报纸上写出对工作、职业、事业和使命的理解（限时15分钟）。

（2）将全部海报纸张贴出来，比较各小组对这些词语的解释。

（3）全体讨论，厘清这四个词语的区别与含义。

3. 教师引导

教师进一步提问引导学生思考。

（1）你能清楚分辨这四个词语有何不同吗？

（2）分辨过程感觉如何？困难吗？为什么？

（3）定义这四个词语时，你有什么发现？

（4）认识到工作、职业、事业和使命的不同后，你会如何规划未来？

4. 任务感悟

_____
_____
_____
_____
_____

单元二　调整求职心态

【课堂训练】

评估你的求职准备度

经过对外部世界和个人特质做出的充分探索之后,我们正式进入求职环节。在此之前我们不妨来测一测当下你是否真的已经做好求职准备。

求职准备度评估表(表6-2-1)给出了10项指标,请你结合自己当下实际情况做出个人的判断。回答"是"得1分,回答"否"或"不清晰"则得0分,满分为10分。

表6-2-1　求职准备度评估表

序号	指标	分数
1	是否清楚自己的职业兴趣	
2	是否清楚自己能够胜任的工作类型	
3	是否明确自己将要申请的职位、企业、行业	
4	是否清楚获得用人信息、招聘信息的各种渠道	
5	是否了解用人单位的招聘流程、渠道和用人条件	
6	是否盘点过自己的优势资源,并有效应用	
7	是否掌握简历撰写的技巧,并准备好简历	
8	是否知道一般用人单位面试的流程、常用方式,并知道如何应对	
9	是否知道目标用人单位的笔试方式和重点内容	
10	是否知道求职过程会有挫折和风险,并掌握了调整心态的方式方法	

模块六　形塑自我品牌　开启求职模式

【单元任务】

开展积极的自我对话

➢ 任务目的

通过积极语言自我对话（宣言）方式，训练学生学会用积极的态度应对学习与生活中的各种挑战。

➢ 任务内容

1. 寻找成功宣言

针对你的职业生涯和生活规划，写出六个和成功相关的宣言。你可以把它们设置成计算机或手机屏幕保护程序，或者贴到你经常能看到的地方，时刻提醒自己。你可以参考下面的范例，当然，也可以创新。

成 功 宣 言

我很自信也很有能力！
我具备许多潜在的技能！
我是一名有价值的员工！
我能面对困难与挑战！
我熟悉计算机网络！
我喜欢帮助别人规划他们的职业！

提示：当你制定自己的成功宣言时，可以采取以下方法。

（1）用现在时，而不是将来时，想象这就是现在你的样子。例如，在求职面试时，你因压力过大而过度紧张，你可以这样肯定自己："我很平静，在这样的情形下我能控制我的情绪！"

（2）用积极正向的语气，而不是消极负面的语气，如我享受工作的过程。

（3）树立积极的形象，而不是为了保留、重复或改变现有的东西。

现在，请写下你自己的成功宣言。

_____
_____
_____
_____

2. 反思成功宣言

询问自己："这是我真正想要的吗？"

3. 发布成功宣言

你可以把成功宣言写在卡片或即时贴上，每天读几遍，包括早上醒来后和晚上睡觉前。把这些宣言作为承诺说给你的朋友和同学听，并把它们发布到你的朋友圈、QQ空间，督促自己付诸行动。

4. 践行成功宣言

为了取得明显效果，你还可以用下面的方法。

（1）一边对自己大声说着这些宣言一边快速地写下来，重复一二十遍或更多。把成功宣言设成你的手机或计算机背景。

（2）用不同的人称写下来，如"我，×××，非常认真""你，×××，非常认真""他，×××，非常认真"。

（3）在早上醒来后或晚上睡觉前，想象自己将要成为的样子。例如，想象更加自信、更有条理、更善交际、更有热情的自己。

（4）认真思考你的成功宣言。

（5）把用成功宣言制作的卡片作为书签。

单元三　撰写求职简历

【课堂训练】

评 议 简 历

在网络上收集五份公开的简历（最好与你期望的岗位有关），将简历按优秀程度排序，并写下你的理由。总结出优秀简历的特点（至少写出五点）。

_____
_____
_____
_____

【单元任务】

站在 HR 的角度看简历

> 任务目的

以HR视角体验快速浏览个人简历并从中挑选出优秀应聘者的过程。学会换位思考，领会个人简历撰写的要领。

> 任务内容

1. 挑简历

（1）为每个小组提供十份简历，人手一份，每15秒钟顺时针传递手中简历，直至

模块六　形塑自我品牌　开启求职模式

每位小组成员看完全部简历，请每位学生在3分钟内选择出你认为最优秀的三份简历。

(2) 向小组汇报你的评判结果和依据，每位成员的发言时间为1分钟。

(3) 小组讨论出小组最终结果。

(4) 每小组选出一位代表进行班级汇报。

2. 写感受

(1) 在刚才的活动体验中，令你印象最深刻的是什么？

_____
_____
_____

(2) 这个活动体验对于你的简历撰写有什么帮助？

_____
_____
_____

单元四　完成简历投递

【课堂训练】

写一封简洁的求职信

当今社会，通常我们会通过电子邮件发送简历，在简历附件之外，如果能在邮件正文部分，附上简单的自我介绍和说明，可以为你的求职增光添彩。

请按以下格式写一封简洁的求职信。

(1) 你是谁？

(2) 你应聘什么职位？

(3) 你对目标企业有什么了解？

(4) 你适合这个职位的理由有哪些？

(5) 表达你对面试的期待，并注明联系方式。

_____
_____
_____
_____
_____

单元四　完成简历投递

【单元任务】

撰写个人简历

➤ 任务目的

撰写一份高质量简历。

➤ 任务内容

依据本模块所学内容，按照目标职岗，撰写个人简历，并贴在下框中。

模块七 突破认知局限 应对求职挑战

单元一　了解面试知识

【课堂训练】

回答面试常见的开场问题

　　与同学两两一组，一个扮演面试官，一个扮演求职者，按下面的问题清单进行提问和回答（参考主教材模块六的STAR法则作答），一轮结束后交换位置并重复以上流程。

（1）向我介绍一下你自己。
（2）你有什么优点？
（3）你有克服困难完成某项艰巨任务的经历吗，说说你是怎样做到的？
（4）你有和团队一起协作完成任务的经历吗，你的角色和贡献是什么？
（5）如果让你的朋友描述你，他/她会怎么说？
　　请给对方在每个问题上的回答打分，并交换成绩单。记录你本人的收获。

_____
_____
_____
_____
_____

【单元任务】

画出你的支持系统

➢ 任务目标

帮助学生进一步确定自己的支持系统，增强应对求职压力的信心。

➢ 任务内容

1. 描绘支持系统

给每位学生发一张白纸、水彩笔。
首先请同学们闭上眼睛，伴随舒缓的音乐想一想，在我们的生活中，当遇到困难和挫折时，有谁会理解、关心、帮助和支持我们，陪伴我们在今后的人生路上继续走下去。然后睁开眼睛，在白纸上用彩笔画出自己的支持系统。

2. 组内交流

画完之后，小组内分享交流。当你面对挫折的时候，你会愿意找谁来帮助自己？是你的父母、兄弟姐妹？还是同学好友？或者是其他什么人？

_____

_____

_____

_____

_____

3. 组际讨论

组际间进行讨论，并分享找到支持系统的经验和成效。活动时间为40分钟。

_____

_____

_____

_____

_____

单元二　做足面试功课

【课堂训练】

讲好你的求职故事

请你准备至少五个求职故事，可以是成功故事，也可以是失败故事。按照模板进行书写，并思考以下问题。

（1）你处理过的最有挑战性的问题是什么？

（2）你最有成就感或最骄傲的事情是什么？

（3）你处理过的最棘手的事情是什么？

模板：

在_____年___月，遇到了_____情况，于是我接受了这个任务。我的角色是_____，我面临的挑战（难点）是_____。我希望通过这个任务达成如下目标：_____。针对目标，我采取了如下具体行动：首先，_____；其次，_____；再次，_____。任务在_____（是否规定时间）完成，和目标相比_____。

在参加面试之前，你至少要准备五个求职故事，这样面试的过程就会自在轻松许多。

模块七　突破认知局限　应对求职挑战

【单元任务】

调整面试紧张心态

> 任务目标

　　在互联网观看TED演讲《肢体语言塑造你自己》，体验两分钟改变你的心理能量技巧，并讨论改变心理状态的办法。

> 任务内容

（1）请同学们分享看完这段视频有什么收获？

_____
_____
_____

（2）你的过往经历中是否有过类似体验？

_____
_____
_____

（3）现场体验。将学生分为两组，每组做现场体验开放式动作两分钟。
（4）每组请一位学生分享两分钟持续体验后的感受。
（5）还有哪些可以帮助我们调整面试紧张心态的办法？

_____
_____
_____
_____

单元三　投身面试行动

【课堂训练】

录制个人1分钟自我介绍视频

　　想象自己正在参加工作面试，对面是你的面试官，请用1分钟向对方介绍你自己，请同学帮忙或者自己用手机将你的自我介绍录制下来。

（1）自己、同学和老师分别对录制的你的自我介绍进行评估并打分（十分制），看看你的面试水平是几分？

_____
_____
_____
_____
_____

（2）列出你认为还可以改进的地方。

_____
_____
_____
_____
_____

【单元任务】

模 拟 面 试

➤ 任务目标

通过模拟面试活动，让学生对面试有更为直观的感受。

➤ 任务内容

（1）三人一组，组内三人轮流扮演应聘者，剩余成员则担任面试官，以此来锻炼每个人的面试技巧。

（2）详细介绍你申请的工作岗位。"面试官"可以利用或修改本模块出现过的有关问题，每个人至少要有15分钟面试你的时间。

（3）寻求（或提出）建设性的反馈。反馈意见要让应聘者清楚自己面试中哪些地方做得不错，哪些地方还有改进的空间。

（4）记下你获得的反馈，接下来你打算做些什么让自己有更好的面试表现？

_____
_____
_____
_____
_____

模块八 通晓政策法规 维护就业权益

模块八 通晓政策法规 维护就业权益

单元一 掌握就业政策与就业手续

【课堂训练】

查看毕业地图

参考本校毕业生的就业去向，找到自己感兴趣的路径，做进一步探索。至少找出三个你想要了解的政策方向。

序号	我想了解的政策	我可以获取该信息的渠道	探索后了解到的信息
1			
2			
3			

【单元任务】

比拼就业政策信息收集能力

> 任务目标

收集并分析相关专项就业政策。

> 任务内容

学生以学习小组为单位分别收集"三支一扶"、大学生征兵政策、西部计划相关就业政策，并设计5分钟的介绍内容，要求配套课件以开展政策宣讲活动。

单元二 比对就业协议与劳动合同

【课堂训练】

评估你对就业知识的掌握程度

请根据自己已有的了解，对表8-2-1中的题目进行判断，并评估自己的掌握程度。

单元二 比对就业协议与劳动合同

表8-2-1 你对就业知识的掌握程度测试

序号	题目	对	错
1	试用期应不低于6个月		
2	试用期的工资不得低于本单位的80%		
3	试用期可以不缴纳社保		
4	试用期可以不签订劳动合同		
5	就业协议是一式三联（分别是学生联、单位联及学校联）		
6	就业协议可作为实习合同		
7	"三支一扶"分别是支医、支教、支农和扶贫		
8	在朋友圈卖牛肉丸和水果算就业		

说明：请统计自己答对的题目数量，初步评估就业知识的掌握程度。

【单元任务】

分析就业协议与劳动合同

➢ 任务目的

加深对就业协议与劳动合同异同的认知。

➢ 任务内容

请同学们以学习小组为单位，讨论就业协议与劳动合同的异同，并将相关内容填入表8-2-2中。

表8-2-2 就业协议与劳动合同的异同

项目	就业协议	劳动合同
缔约方		
作用和性质		
内容		
有效期		

请同学们思考就业协议是否可以取代劳动合同？为什么？

_____
_____
_____
_____

单元三　避免就业陷阱

【课堂训练】

分析求职陷阱线索

某商贸有限公司近日发布了一条岗位名称为"网络销售员"的招聘信息，并在岗位描述中写道："网络销售的成本相当低，开展费用又相当少，几乎可以说是没有费用。只要在家有一台计算机即可开启自己的创业之路，很多通过网络致富的人，起初都是白手起家，慢慢地自己就成了大 BOSS。网络销售不仅仅成本低，而且利润非常丰厚。只要您能坚持正确的发展道路走下去，必然成功！"

通过分析网络销售的好处，让求职者对网络销售员的工作产生兴趣，随后的话语便显现出其真实目的——"如果您觉得对自己有信心，网络销售绝对是让您施展才华的岗位！我们将为您提供最专业最完善的培训，让您在网络销售过程中快人一步，解决您在网络销售中遇到的麻烦。公司还将为您提供大量产品，无须自己进货。"

从上述案例信息中，你能发现哪些可能存在的求职陷阱？你是通过什么线索发现的？

_____
_____
_____
_____

【单元任务】

演绎"防范求职陷阱"情景剧

➢ 任务目的

通过自编情景剧，学习识别求职陷阱的技巧和受骗后的应对方法。

➢ 任务内容

在现实生活中求职陷阱花样百出，稍有不慎，便掉进了不法分子的圈套。大学生在求职过程中需要警惕哪些陷阱？面对五花八门的招工信息，大学生应该如何识穿骗局？假如不幸被骗，应当如何应对？

请同学们以小组为单位，结合身边的案例设计一个以"防范求职陷阱"为主题的10分钟情景剧，要求小组成员全体上场，自行安排具体角色分工。

单元四　维护就业权益

【课堂训练】

自制维护权益宝典

仔细分析求职的各个环节，制定一份自己的维护权益宝典。

就业环节	可能存在有损权益的事	维护权益的措施
收集就业信息时		
面试时		
签约时		
试用期		
正式工作中		

【单元任务】

探讨签订合同的重要性

➢ 任务目的

总结实习阶段签订合同的重要性及注意事项。

➢ 任务内容

观看视频（扫描右侧二维码）后，总结出大学生在实习阶段签订合同时应注意哪些问题？
_____
_____
_____

视频连线：实习阶段签订合同的重要性及注意事项

模块九 适应角色转换 达成就业愿景

模块九 适应角色转换 达成就业愿景

单元一 转换生涯角色

【课堂训练】

接收来自未来的信

伴随着轻柔的音乐,时空变幻,想象你已经进入职场5年,虽然遇到一些困难,但你已经一一克服,这时的你应该看起来成熟了很多,向当下的自己描述一下那时你的生活是什么样子?你最大的变化有哪些?

_____
_____
_____

【单元任务】

衡量你学习的敏捷性

➢ 任务目的

了解自己的学习敏捷性。

➢ 任务内容

请完成表9-1-1中的题目,将得分累加,并与测评结果分析的内容进行对应。

表9-1-1 学习的敏捷性测试

序号	题目	强烈不同意（1分）	不同意（2分）	同意（3分）
1	我关注每个细节,这是很重要的			
2	我只接受完美			
3	工作的细节都经过尽职尽责地完成后才算结束			
4	规则不是用来打破的			
5	当目标和解决方案清晰时,我的工作效率最高			
6	稳定性和清晰度是职业成功的关键			
7	灵活性导致失误			
8	我总是努力获得确定性的信息,以便正确地完成工作			
9	在没有充分信息的情况下做决定对单位有害无益			
10	建立一个稳定可靠的工作环境是很重要的			
	总分			

测评结果分析如下。

（1）10~20分：该得分区域表明个人具有学习敏捷性的倾向，尤其是变革敏捷性和思维敏捷性，具有处理不确定状况和变化的能力，以及容忍细节缺失的能力，是敏捷性工作方式的标志。

（2）21~30分：该得分区域表明个人具有勤奋和尽职倾向。细节导向和对确定性的需求是一个有强烈献身精神的员工的标志，但与高潜人才所需要的学习敏捷性仍有差距，需要在工作中刻意练习、提升。

单元二　促进团队协作

【课堂训练】

解　手　链

每组成员围成一个圈；所有人都举起手，握住对面同学的手；再举起你的左手，握住另外一位同学的手（不是对面也不是相邻同学的手）；在不松开的情况下，在最短的时间内把这个错综复杂的"结"解开。解开标准：只要小组成员呈一个大圈或是两个套着的环，就视为解开。

请以小组为单位，针对以下几点问题展开互动讨论。

（1）你在开始的感觉怎样，是否思路很混乱？
_____
_____
_____

（2）当解开一个点以后，你的想法是否发生了变化？
_____
_____
_____

（3）这个游戏对你看待团队中的冲突和竞争合作带来哪些启示？
_____
_____
_____

模块九　适应角色转换　达成就业愿景

【单元任务】

认清团队角色及分工

➢ 任务目的

通过讨论，理解团队角色类型及分工。

➢ 任务内容

查阅有关资料，讨论并思考三国时期"刘关张"创业团队中的角色分工，并填写表9-2-1。

表9-2-1　"刘关张"创业团队中的角色分工

人物	在创业团队中的角色	具体表现
刘备		
关羽		
张飞		

单元三　加强职业沟通

【课堂训练】

赞美你的伙伴

以小组为单位，大家围成一圈，从第一个人开始，对右边的同学大声说出一句赞美的话。依次转下去，到了第一个人那里，再转回来，向左边的同学说出一句赞美的话。赞美的内容不做限制，包括品德、相貌、气质、服饰、能力、才干，也可以赞美和对方有关的事物（如家乡、曾经就读的学校、曾经做过的活动等）。注意：不得重复别人已经用过的词句，一旦有人违规，活动就要重来一次，或者制定善意的惩罚措施。

【单元任务】

考验沟通协作能力

➢ 任务目的

通过"我说你画"的活动，帮助学生提升沟通协作能力。

▷ 任务内容

为每位学生准备一张 A4 白纸、笔。

1. 团队分工

请一名学生上台担任表达者,其余学生都作为倾听者。

2. 描述图形

表达者看样图两分钟,背对全体倾听者,表达图片里的内容(如选一棵植物来描述即可),鼓励表达者描述细节(如仙人掌是什么形状的仙人掌,有几根刺)。

3. 绘制图形

倾听者根据表达者的指令画出样图上的图形,倾听者不许提问。

4. 验证图形

倾听者将画好的图形彼此分享看看是否一样,有没有相似?有没有完全不同?最后与样图做对比。

单元四　培养领导力

【课堂训练】

练 习 复 盘

回顾一件近期自己觉得比以往做得好的事件,并思考哪个环节发生了改变,带来了更好的结果。拆解该事件发生的环节,试着复盘——为了取得一个更好的结果,哪些环节可以继续进行?哪些环节可以停止进行?哪些环节可以现在开始进行?

1. 继续进行

_____

_____

2. 停止进行

_____

_____

3. 开始进行

_____

_____

说明：个人复盘不是对所有事件进行复盘，而是对一些重要事件、旧方法不再有效的事件进行复盘，这些事件有明显的短板因素，短板因素的解决能短期快速提升个人的整体能力。

【单元任务】

找出搞砸背后的力量

➢ 任务目的

通过活动，帮助学生学会正向看待失败与挑战。

➢ 任务内容

失败是成功的"原料"，把"原料"转换为实际成长的过程需要三个步骤：记录自己的失败；将自己的失败分类；找出成长心得。

说明：我们可以将失败分为以下三类，能够比较容易地看出成长的契机。

（1）失误。失误是指通常会做对的事情出现简单的错误，但我们不是没有办法做得更好。最好的处理办法就是承认自己搞砸了，道歉，放下，然后继续前进。

（2）弱点。弱点是指一直存在的缺点带来的错误。这类错误反复出现，我们也清楚这类错误的源头。我们努力修正过，也得到最大程度的改善。虽然试图避开，但仍不免犯错。最佳的策略是避开会导致相关错误的情景，而不是想办法改善。

（3）成长机会。成长机会是指不必要发生的错误，至少不必要发生第二次。这类失败的源头找得出来，也有办法修正。应对策略是对于报酬率不高的错误类型，不要花太多时间。

请写下五件自己在过去一周、一个月，甚至一年内搞砸的事，尝试进行失败事件盘点，并找到搞砸背后的力量。将相关内容填在表9-4-1中。

表9-4-1 失败事件盘点

搞砸事件	失误	弱点	成长机会	心得体会

注：判断搞砸事件属于失误、弱点还是成长机会，并在相应的格子中打"√"。

郑重声明

高等教育出版社依法对本书享有专有出版权。任何未经许可的复制、销售行为均违反《中华人民共和国著作权法》，其行为人将承担相应的民事责任和行政责任；构成犯罪的，将被依法追究刑事责任。为了维护市场秩序，保护读者的合法权益，避免读者误用盗版书造成不良后果，我社将配合行政执法部门和司法机关对违法犯罪的单位和个人进行严厉打击。社会各界人士如发现上述侵权行为，希望及时举报，我社将奖励举报有功人员。

反盗版举报电话　（010）58581999　58582371
反盗版举报邮箱　dd@hep.com.cn
通信地址　北京市西城区德外大街4号　高等教育出版社法律事务部
邮政编码　100120

读者意见反馈

为收集对教材的意见建议，进一步完善教材编写并做好服务工作，读者可将对本教材的意见建议通过如下渠道反馈至我社。

咨询电话　400-810-0598
反馈邮箱　gjdzfwb@pub.hep.cn
通信地址　北京市朝阳区惠新东街4号富盛大厦1座
　　　　　高等教育出版社总编辑办公室
邮政编码　100029